Arrêtez-le !

Laurence Lefèvre
Marcelino Truong

Père Castor
Flammarion

ENGEL TISSUS
TISSUS
50F

1. La grosse meringue

Joss ouvrit la fenêtre et regarda vers la droite. La vue était vraiment super. La rue, bordée de boutiques colorées, un vrai bazar de tissus, musardait comme si elle voulait se perdre dans Paris.

Et puis voilà que, tout au bout,
elle se cognait en plein
contre la butte Montmartre.
Il suffisait alors de lever un peu
la tête pour voir la grosse meringue.
La falaise blanche du Sacré-Cœur.

Sa mère, sûr qu'elle avait eu
de la chance, de trouver
cette chambre à louer pile
au milieu de cette rue.
Même s'il n'y avait guère
de confort et que les murs
se touchaient presque.
– On dirait qu'on est
des tranches de salami
entre deux morceaux de pain,
avait constaté Lisa en riant.

détective
international
Bar
PARIS

Le mois d'août soufflait
son haleine chaude sur le XVIIIe.
En juillet, Joss était parti
quinze jours en colonie, à la mer.
C'était chouette, la plage, les copains.
Mais il était content d'être rentré.

Il était livré à lui-même toute la journée, parce que l'été sa mère travaillait dans un centre aéré.

Des amis, il n'avait pas eu le temps de s'en faire. Il se promenait seul, des heures, il se racontait des histoires de magiciens ou d'extraterrestres, et aussi des rêves pour plus tard, quand il serait riche.

Il achèterait un château à Lisa. Oui, un gros morceau de meringue. Ou bien la meringue tout entière, au bout de la rue.

Tant pis si c'était une basilique.

Il répéta ce mot, basilique, parce qu'il lui plaisait.

En même temps, il faisait de grands signes à un groupe de touristes japonais sur le trottoir d'en face. Ils portaient tous un T-shirt rouge et blanc sur lequel était dessinée en noir la tour Eiffel. Le Nikon dressé vers Joss, l'un d'eux, un monsieur tout rond et chauve, photographiait sa tignasse rousse entre les volets délabrés.

Il trouvait sans doute pittoresques la tache mauve des pétunias, l'inscription « boulangerie-pâtisserie » à demi effacée sur la façade, la porte cochère avec la plaque « gaz à tous les étages »...

18
rue
d'orsel

Il y eut un claquement métallique juste au-dessous de Joss, sur le trottoir. Une canette de bière venait d'y rebondir.
Une seconde la rejoignit, accompagnée d'un rire épais.

Joss se pencha un peu.
À sa gauche, serrées contre la rambarde de la fenêtre voisine, trois têtes hilares regardaient vers le bas, tandis qu'une autre canette atterrissait sur le macadam.

– Allez, Ben, vas-y, balance-la maintenant, tu vas toucher l' jackpot !

Joss vit la canette fuser vers le trottoir, rebondir sur le crâne d'un vieil homme, et rouler vers la chaussée. L'homme chancela et s'affaissa sur le sol.

Tout alla très vite. La fenêtre à gauche se referma violemment, et Joss remarqua deux choses : les touristes japonais qui s'éloignaient, les deux femmes courbées vers le vieil homme, puis, soudain, tête dressée, regard accusateur, bras tendu.

– C'est lui ! braillèrent-elles ensemble.

Une troisième femme, une toute maigre, les rejoignit. Joss la reconnut : Mme Crépin, la voisine du dessous, qui montait se plaindre quand il jouait aux billes sur le plancher.

– Je sais qui c'est ! glapit-elle.
C'est l' fils d' la Hollandaise, Deijman
qu'elle s'appelle, un sale gosse,
tu vas voir si j' t'attrape !
Sûr que tu l'as tué.

Une peur panique
s'empara de Joss.
Il dévala les deux étages,
dérapa sur un paillasson,
se précipita vers la courette
aux poubelles.

Au même instant,
la porte de la rue s'ouvrait.
Il grimpa sur un conteneur,
enjamba un mur,
sauta dans l'arrière-cour
de l'immeuble voisin
et se rua dans l'entrée,
vers le porche.

Par la porte entrebâillée, il devina plutôt qu'il ne vit l'attroupement autour du vieil homme.

Il compta jusqu'à trois, retint son souffle et se jeta sur le trottoir, comme on se jette à l'eau.

2. La poursuite

Il s'attendait à des cris,
à une poursuite, mais rien,
sinon les grognements des gens
qu'il bousculait. En se faufilant
entre les groupes de badauds
qui palpaient les étoffes,
il atteignit la place Saint-Pierre.

Là, il osa se retourner :
la foule indifférente s'écoulait
soit vers la rue Tardieu,
soit vers la rue Ronsard,
ou encore vers le square Willette.
Un manège à l'ancienne,
orné de peintures et de miroirs,
tournait au pied de la butte.

Joss fut pris d'un léger vertige en le dépassant ; les chevaux montaient, descendaient, vaguement hostiles ; il s'élança à l'assaut des escaliers.

Son esprit se remit à fonctionner. Qu'allait-il faire ? Partir, à tout jamais, loin de Lisa ? Il ne fallait surtout pas qu'elle s'attire des ennuis à cause de lui, elle avait déjà bien assez de soucis.

Il s’arrêta un instant
pour regarder une femme nourrir
des pigeons. Main tendue,
elle était un perchoir vivant.
Un moineau chipa au vol
une graine dans sa paume.
Il y eut des éclats de rire parmi
les touristes assemblés tout autour.
Un Japonais fit une photo.

Le Japonais ! Celui qui avait photographié l'immeuble ! Joss le revit très nettement : bedonnant, le crâne luisant, vêtu d'un pantalon blanc et d'un tricot rouge et blanc avec une tour Eiffel noire imprimée dessus. Il tourna la tête en tous sens pour voir si le groupe n'était pas dans les parages. Des Japonais, oui, il y en avait, mais pas les siens.

Le funiculaire ! Bien sûr, ils l'avaient pris pour monter, c'était plus amusant et surtout moins fatigant. Joss jeta un coup d'œil vers la basilique, il était à mi-hauteur du square. Il continua d'escalader les marches, vite mais pas trop, prenant le temps d'examiner les touristes pour ne pas manquer ceux qu'il cherchait. Y avait-il une chance, même une toute petite, que son Japonais ait photographié les trois types d'à côté en train de jeter une canette ?

Une chance sur cent, une sur mille ?

Même pour une si petite chance, il devait tenter le coup. Mais comment allait-il convaincre le gros monsieur de lui donner sa pellicule ?

Enfin ! Il était sur la terrasse
d'où l'on voit tout Paris, le ciel bleu,
les fumées, la tour Eiffel,
dix millions de gens tout en bas…
Et lui, Joss, tout en haut,
seul avec son problème.

Il décida d'aller à gauche
de la basilique, place du Tertre, où
les peintres d'aujourd'hui s'efforcent
de ressembler à ceux d'avant,
Van Gogh, Renoir, Lautrec.

Tout en marchant,
il imaginait des avis de recherche
placardés sur les murs :
« Forte récompense à qui trouvera
Joss Deijman, onze ans,
l'assassin de la rue de Steinkerque. »

Joss fut ballotté entre des groupes
qui se croisaient et se tamponnaient
dans la plus totale confusion.
Il se dit qu'on devrait organiser
la circulation des piétons comme
sur un manège, tout le monde
tournerait dans le même sens.

Il ne voyait rien,
ou pas grand-chose, tantôt
un chevalet sur lequel
trônait l'Opéra, tantôt le derrière
d'une large dame italienne, tantôt
le Caméscope d'un touriste allemand.
Et des Japonais, oui, mais pas
les siens.

Et d'abord ils se ressemblaient tous, ces Japonais. Sûr que, pour eux, tous les Occidentaux étaient pareils. Sûr, mais pas réconfortant. Pourtant, Joss l'avait appris en classe, dans la nature, il n'y a pas deux êtres identiques : même les insectes ont chacun leur genre, les plantes et les brins d'herbe aussi. Oui, mais les brins d'herbe ne se baladent pas un Nikon en bandoulière. Joss sentait la sueur couler dans son dos.

Sur les tables des cafés, autour de la place, des touristes abandonnaient des boissons à demi consommées. Il lorgna un fond de diabolo menthe dans un verre et le vida au passage.

– Tu veux que je t'aide ? cria un garçon.

Joss se noya de nouveau dans la masse. Soudain, il s'immobilisa. Là, à deux mètres de lui, un T-shirt rouge et blanc ! Sur les épaules d'une femme à chignon qui s'éloignait vers une voiture. Il joua des coudes pour la rattraper.

Quand enfin il réussit à la dépasser, il la vit de face : le tricot était bien rouge et blanc, mais la femme probablement espagnole.

3. Le clown de Montmartre

Écœuré, Joss quitta la place du Tertre et s'engagea dans des rues plus calmes.
Tout était perdu, il ne les retrouverait jamais. S'il rentrait chez lui ce soir, la police l'emmènerait en prison et le bouclerait jusqu'à sa majorité.
Il ne verrait plus sa mère, elle mourrait de chagrin.

Révolté, il chassa cette vision. Deux flics surgirent au coin de la rue, et Joss se sentit brusquement petit, menacé. Un zéro. Il s'empressa de filer. Il eut envie de pleurer pour tout de bon. Envie de courir chez lui et de se serrer contre Lisa.

Et, juste à ce moment,
il vit les Japonais
massés devant un cabaret
portant l'enseigne du *Lapin agile*.

Avec le bon tricot, rouge et blanc, et la tour Eiffel noire. Et, au milieu du groupe, son Japonais, qui photographiait en riant deux jeunes filles adossées au mur. Timidement, Joss s'approcha d'eux.

À présent qu'il touchait au but, il ne savait que faire. Il s'adressa au gros monsieur et prononça la seule expression japonaise qu'il connaissait pour l'avoir entendue dans son dessin animé préféré :

– *Sayonara*.

Il croyait dire « bonjour », il venait d'énoncer « adieu ».

Le monsieur sourit et lui demanda :

– *English ? Speak english ?*

Joss se creusa la cervelle, à la recherche d'un mot, un seul, le mot clé. Tout ce qu'il trouva fut le lamentable et pourtant clair :

– Photo.

En même temps il se pencha,
fit celui qui tient un objet
et le lance, ouvrit sa main,
laissa échapper quelque chose.
Puis il se toucha le crâne
avec une grimace de douleur
et tomba par terre. Il se releva et,
pointant le doigt vers le monsieur,
prit une photo imaginaire.

D'abord interloqués, les Japonais rirent beaucoup. Sans doute croyaient-ils voir une sorte de clown. Le gros monsieur prit un cliché de Joss devant l'entrée du cabaret. Après quoi les dix-huit Japonais repartirent, — Joss avait eu le temps de les compter — sans plus s'occuper de lui.

Joss était atterré. Cela ne servait à rien d'avoir retrouvé le seul témoin, peut-être, de l'accident. Mais il s'obstina. Et, au moment où le groupe rouge et blanc atteignait la place du Tertre, une idée lui vint.

Profitant d'un moment d'inattention de la part d'un caricaturiste, il arracha une feuille dans un calepin posé sur le trottoir, saisit un crayon et détala.

Il se cacha dans l'entrée d'un immeuble, le souffle court. Dans la semi-pénombre, il traça maladroitement plusieurs dessins sur la feuille plaquée contre le mur : deux fenêtres, l'une ouvrant sur Joss, l'autre encadrant trois visages plus gros. Une main et, au-dessous, une canette.

Dieu qu'il dessinait mal,
ça ressemblait plutôt à un saucisson.
Un homme allongé, la canette
sur la tête. Un gros monsieur
tenant devant lui un appareil photo.

4. Ouf!

Il bondit dans la rue, personne, se rua vers le funiculaire. Au moment où il arrivait au portillon, le wagon s'ébranla. Il vit très nettement, à travers la vitre arrière, le groupe rouge et blanc. Ce serait trop long d'attendre la rame suivante.

Joss dégringola les marches en galopant. Quand il se retrouva au bas de la butte, hors d'haleine, en nage, le funiculaire était vide. Il chercha de tous côtés, affolé. Si près du but, c'était trop bête ! Il vit alors ce que son angoisse l'avait empêché de remarquer : deux cars garés devant le square Willette. Des Japonais rouge et blanc, il n'y en avait pas dix-huit, mais bien cinquante ou soixante ! Ils grimpaient dans les cars en riant sans bousculade. Joss détailla fébrilement les visages et reconnut une femme qui faisait partie du groupe des dix-huit.

Il s'élança vers elle, lui barra le passage et lui fourra son dessin sous le nez. La femme prit lentement la feuille et l'examina. Elle jeta un coup d'œil à Joss, puis de nouveau se pencha vers le dessin. Enfin, elle monta dans le car pour parlementer avec le guide assis à côté du chauffeur.
De temps en temps, Joss entendait un son étrange, guttural. Il voyait la femme agiter la feuille d'une main, faire des gestes de l'autre.

Soudain elle se retourna et le désigna, lui, Joss. Le guide se leva et sauta sur le trottoir.

– Je ne… pas parler bien français. Que… vous… vouloir ?

Malgré son émotion, Joss essaya de s'exprimer calmement, en détachant bien les syllabes. Son sort dépendait de ce que l'homme allait comprendre.

– On m'accuse d'avoir assommé quelqu'un. Avec une canette. Une boîte en métal contenant une boisson.

L'homme hocha la tête.

– Dans votre groupe, un monsieur a pris une photo. Je crois que, sur son cliché, on voit les vrais coupables. Je voudrais… la photo !

L'homme se gratta la nuque.

– Vous… savoir… qui ?

– Oui, il est gros et chauve.

Le guide lui fit signe de monter. Il prit son micro et, dans sa langue étrange, hachée, émit une annonce. Tous les visages étaient tournés vers Joss.

– Allez… chercher qui, lui dit le guide en montrant les passagers.

Timidement, Joss s'avança dans l'allée, en souhaitant que son Japonais se trouve dans ce car et non dans l'autre. Vers le milieu du véhicule, il l'aperçut.

Il était assis contre la vitre, à gauche. Joss pointa le doigt vers lui. Aussitôt le guide se lança dans un long discours en brandissant le dessin.

Instinctivement, le gros monsieur posa les mains sur son Nikon. Joss tira le guide par le bras.

– Dites-lui que je ferai développer les photos et que je les lui enverrai au Japon. Il n'a qu'à me donner son adresse. Je le jure !

Le gros homme relâcha son étreinte sur son appareil.

Après un nouvel échange de propos, le guide reprit :

– Lui jamais avoir vu des cheveux… rouges comme les vôtres. Pour les photos il dit d’accord. Lui doit finir son rouleau. Encore deux clichés. Lui vouloir prendre vous. Plus bouger.

Il y eut deux éclairs, coup sur coup. Puis le gros monsieur appuya sur un bouton, ouvrit son appareil, et tendit le rouleau à Joss. Il écrivit quelque chose sur un bout de papier.

Joss lut : Sessue Torayashi
15 Hamabe Dori
Fukiai ku,
Kōbe, Japan.

Quand Joss entra, Lisa était occupée à poser sur la table un melon découpé en quartiers et une salade de tomates.
Ils se regardèrent un moment sans parler. Joss finit par baisser le nez et marmonna :
– C’est pas moi qui l’ai fait…

– Je sais, dit Lisa. Mme Crépin m'a tout raconté. Elle affirme que tu es un voyou, que tu as balancé exprès des canettes par la fenêtre. Mais moi, je ne la crois pas. J'ai confiance en toi. C'est ce qui compte le plus, non ?

Joss affronta les yeux bleus de sa mère, si clairs, si forts.

– Le vieux monsieur… il est mort ?

Lisa eut un petit rire.

– Ne t'inquiète pas, va. Il n'avait qu'une égratignure à la tête.
Le choc lui a fait perdre l'équilibre, c'est pour ça qu'il est tombé.
Mais il ne s'est rien cassé.
Tu sais, un moment j'ai eu peur que tu te sois enfui.

Joss vit alors les lignes d'anxiété, très minces, qui barraient le front de sa mère.

– Je cherchais la preuve.

– Quelle preuve ?

– Celle de mon innocence. Je l'ai. Enfin, je crois.

Il tendit le rouleau de pellicule.

Puis il fit un long récit de sa poursuite, qu'il conclut ainsi :

– Si le Japonais, M. Torayashi, a bien pris les trois types en train de jeter leurs canettes, j'irai montrer la photo à Mme Crépin. Et je la collerai dans l'escalier, pour que tout le monde le sache.

5. Un rêve

Couché dans le noir,
Joss pensa longtemps à son aventure.
Dans quelques heures, il découvrirait
les clichés de M. Torayashi.
Des vues très banales, sûrement :
l'Arc de triomphe, la tour Eiffel,
Notre-Dame, le Sacré-Cœur.

Peut-être, parmi elles,
celle d'un garçon roux
souriant à sa fenêtre, juste à côté
de trois visages ricanants
regardant tomber vers le trottoir
un objet sombre et flou : une canette.

Joss irait à la poste. Il enverrait
les photos à M. Torayashi.
Un matin, le facteur apporterait
une enveloppe couverte
de timbres colorés, contenant
deux billets d'avion pour Kōbe…

Japan airlines
Japan air-lines
魚徳
サンマ入荷

Joss s'endormit sur cette vision et plongea dans un rêve encore plus fou, le rouleau serré dans sa main.

L'auteur

Laurence Lefèvre est née en avril 1951, à Paris. Elle travaille en plein cœur de la capitale, sur les quais de la Seine car elle est bouquiniste. De ses boîtes, elle voit la tour Saint-Jacques et la Conciergerie. Elle éprouve une grande attirance pour les quartiers typiques du vieux Paris.

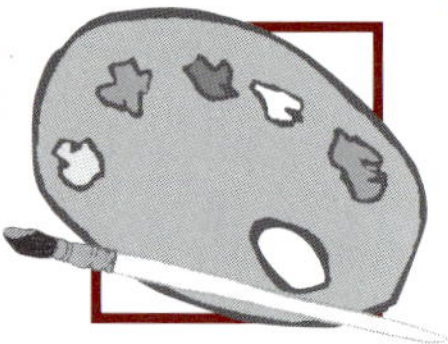

L'illustrateur

Parce que je suis né rue San Marcelino à Manille aux Philippines, mes parents m'ont nommé Marcelino. À six ans, je me bagarrais dans la cour de récréation et je faisais des clins d'œil à la maîtresse. À onze ans, j'étais amoureux d'Anne-Sophie que personne ne trouvait jolie. Au lycée, j'étais si nul en maths que le professeur terminait ses démonstrations par un : « Est-ce que Truong a compris ? » Je répondais invariablement : « Oui, Monsieur ! », sa réponse était, elle aussi, invariable et triomphante : « Alors si Truong a compris, tout le monde a compris ! »

Autres titres de la collection

L'enfant de la mer

L'enfant à la peau argentée déposé par la mer sur la plage de Cap de Chien n'est pas un enfant comme les autres…

La sorcière des Cantines

La dame de la cantine est une sorcière, Sarah et Serge se moquent d'elle. Mais la vieille dame a un secret…

La créature d'un autre monde

Iram et son copain veulent élucider le mystère de ces cônes volants qui traversent le ciel.

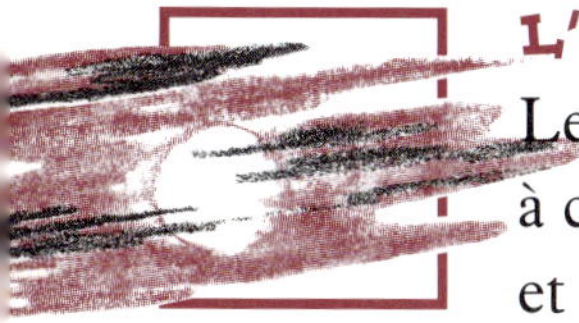

L'étrange monsieur Garou

Le monsieur qui vient d'emménager à côté de chez moi a une allure bizarre et il s'appelle Jean-Loup Garou.

Le virus de la rentrée

Le virus de la rentrée fait prendre à maman d'imprévisibles grandes décisions…